NOUVELLE
REVUE HISTORIQUE

DE

DROIT FRANÇAIS ET ÉTRANGER

PUBLIÉE SOUS LA DIRECTION DE MM.

R. DARESTE

Membre de l'Institut,
Conseiller honoraire
à la Cour de Cassation.

A. ESMEIN

Membre de l'Institut,
Professeur
à la Faculté de droit de Paris.
Président de section à l'Ecole
pratique des Hautes-Etudes

G. APPERT

Docteur en droit.

J. TARDIF

Docteur en droit,
Archiviste-Paléographe

M. PROU

Membre de l'Institut,
Professeur
à l'Ecole des Chartes.

P. DARESTE

Docteur en droit

SECRÉTAIRE DE LA RÉDACTION

Félix SENN

Professeur à la Faculté de droit de Nancy

PRIX DE L'ABONNEMENT ANNUEL

Pour la France...................... **18 fr.**
Pour l'Étranger.................. ... **19 fr.**

UNE

INTERPRÉTATION DE *FR. VAT.*, § 283

Par M. L. MICHON

LIBRAIRIE

DE LA SOCIÉTÉ DU

RECUEIL SIREY

22, rue Soufflot, PARIS, 5ᵉ arrdt

L. LAROSE & L. TENIN, Directeurs

—

1912

UNE

INTERPRÉTATION DE *FR. VAT.*, § 283

Le § 283 *Fr. Vat.* ne doit pas être interprété comme un texte absolument isolé. Le rescrit impérial qu'il contient doit être rapproché d'une constitution du Code de Justinien, VIII, 54 (55), 2, qui l'a reproduit, mais en le tronquant, c'est-à-dire en laissant de côté la phrase finale, et en le faussant, c'est-à-dire en inversant sa décision, qui devient *donatio valet*, au lieu de *donatio irrita est*. L'identité de ces deux textes peut être considérée comme certaine (1); elle résulte nettement de la correspondance des termes et de l'exacte similitude des dates. Il n'y a divergence qu'entre les noms des destinataires du rescrit : *Aurelius Carreno* dans le § 283 *Fr. Vat.*, *A. A. et C. C. Zeno* dans la const. du Code; mais cette différence s'explique assez facilement par une erreur du copiste des *Fr. Vat.* (2).

---

(1) En ce sens : Pernice, *Labeo*, 1892, III, 1, p. 92; Girard, *Manuel*[5], p. 335, n. 2 et p. 945, n. 4. Cette identité est reconnue aujourd'hui par tous les auteurs, même par M. Appleton, *Histoire de la propriété prétorienne et de l'action publicienne*, 1889, II, p. 178-179, n. 31, bien qu'elle soit plutôt défavorable à sa thèse.

(2) M. Appleton, *loc. cit.*, a très bien établi comment cette erreur a pu se produire. Le copiste des *Fr. Vat.*, au lieu de AAETCCZENONI, a mis AVRCARRENONI, la première lettre et les cinq dernières étant identiques dans les deux versions et le nombre des lettres étant le même.

Il ne semble pas que ce rapprochement ait facilité l'explication de ces textes. Le § 283 a donné lieu, depuis sa découverte en 1821, à trois interprétations, chacune d'elles étant née des obscurités et des faiblesses de la précédente, et la plus récente paraît aussi sujette à caution que les deux autres. Cette circonstance nous permettra du moins de glisser rapidement sur la partie critique, déjà presque entièrement faite.

I

La plus ancienne interprétation (1) ne considère que la première phrase du § 283, sans doute à l'exemple du Code de Justinien, qui n'a reproduit que cette phrase. Elle prétend y trouver la formule, et en même temps une application d'un principe général, en vertu duquel la propriété transmise avec apposition d'une condition résolutoire ne peut être transférée valablement ainsi affectée, parce qu'elle serait alors transmise pour un temps, ce qui est impossible à l'époque classique. Elle sera transférée comme pure et simple, et à l'arrivée de la condition résolutoire, l'aliénateur n'aura, pour recouvrer sa propriété, qu'une action personnelle à l'effet d'obtenir le retransfert.

Il faut reconnaître, et ceux-là même qui ont proposé cette interprétation l'avouent(2), que l'explication s'accorde assez mal avec les termes du texte. Si la propriété affectée d'une condition résolutoire est transmise comme pure et simple, et on n'en peut guère douter en présence d'autres textes formels en ce sens pour des cas identiques(3), la donation n'est nullement inefficace, et on ne peut même pas dire, en donnant au mot *donatio* le

---

(1) Pellat, *La propriété*, 2ᵉ édit., 1853, p. 284 ; Bufnoir, *Théorie de la condition*, 1867, p. 145 et s.

(2) Bufnoir, *op. cit.*, p. 147-148.

(3) D. 39, 6. 42, pr. Cfr. Appleton, *op. cit.*, p. 185-186.

sens restreint de *lex donationis*, que cette dernière soit sans effet, puisque le donateur aura une action personnelle pour recouvrer son bien; la décision du texte, *donatio irrita est*, reste donc incompréhensible.

Après cette médiocre explication de la première phrase du § 283, les premiers interprètes s'arrêtent et n'essaient même pas de chercher dans la seconde phrase la suite des idées. Et en effet la tâche paraît presque impossible. Si la donation de propriété était vraiment nulle, à cause de l'impossibilité du transfert de propriété *ad tempus*, on ne voit pas du tout pourquoi le donateur n'a pas pu conférer l'usufruit au donataire(1), et si au contraire le transfert de propriété est valable comme pur et simple, il est encore bien plus inutile de s'occuper de l'usufruit(2).

M. Pernice (3) a cependant essayé de relier la seconde phrase à la première, et là est la principale originalité de cette seconde interprétation. Tout en admettant sur la première phrase la nullité de la donation, sans d'ailleurs s'expliquer clairement sur la raison de cette nullité(4), il rétablit ainsi la suite des idées et l'espèce du rescrit. L'empereur, mal éclairé, par la requête qui lui est présentée sur la nature de l'acte de donation,

---

(1) Appleton, *op. cit.*, p. 181.

(2) V. cependant plus loin, p. 551, note 1. L'explication serait possible en admettant que le donataire et la femme prétendant à l'usufruit sont deux personnes distinctes.

(3) Pernice, *op. cit.*, p. 92-94.

(4) Pernice, *op. cit.*, p. 94. Cet auteur pense que la clause de retour, qui aurait pu être validée comme cause d'obligation personnelle à l'exemple du *pactum fiduciae* dans la *mancipatio*, n'était cependant pas admise comme telle au temps de Dioclétien, parce que de telles clauses n'étaient pas usitées à cette époque dans la tradition. Il semblerait, d'après ces prémisses, que M. Pernice va aboutir aux mêmes conclusions que Pellat et considérer la tradition comme valable et comme pure et simple. Cependant il conclut ainsi : « Pour l'époque ancienne, il ne restait qu'à déclarer nulle toute donation ». Cette décision est bien conforme au texte; mais l'auteur n'en donne aucune raison. Son opinion reste donc obscure et, comme telle, échappe à la discussion.

se place successivement à deux points de vue. Une donation de propriété de fonds provinciaux est faite à une femme avec clause de retour après sa mort au profit du donateur. L'empereur se demande s'il y a là une donation à cause de mort portant sur la propriété, ou une simple concession d'usufruit. Après avoir écarté dans la premiere phrase la première hypothèse, il envisage la seconde, et la résout aussi par la négative : l'usufruit n'a pu ètre détaché de la propriété. Pourquoi? Le rescrit ne nous le dit pas; mais on peut en trouver la raison dans cette particularité, qu'il s'agit ici de fonds provinciaux. Pour constituer un usufruit sur un fonds provincial, il ne suffisait pas d'avoir fait la tradition, qui avait sans doute été effectuée en vue de la donation de propriété; cette tradition était, quant à la constitution de l'usufruit, inutile et inefficace; il aurait fallu recourir à des modes de constitution spéciaux, autres que ceux du droit civil, aux pactes et stipulations indiqués par Gaius (II, 31) comme applicables à ces fonds. Sans doute, les parties, n'ayant fait qu'une tradition, avaient-elles oublié d'user de ce procédé, et c'est pourquoi l'usufruit n'a pu être constitué.

Cette explication suscite nombre d'objections. Sans s'arrêter à cette critique déjà grave, que M. Pernice, sans doute par réaction contre les précédents interprètes, ne s'est attaché qu'à la seconde phrase du § 283, et a négligé de nous donner de la première une explication suffisante, son hypothèse est loin de s'adapter exactement aux termes du texte. L'expression *contulisti* indique bien sans doute que l'usufruit n'a pu être *constitué*, et c'est en effet ce que décide le rescrit; mais *conferre usumfructum* est une expression qui donne à penser que du moins l'usufruit a été *conféré*, c'est-à-dire consenti valablement en la forme; il en résulte que l'explication donnée par M. Pernice de l'invalidité de l'usufruit est non seulement divinãtoire, mais encore contraire aux termes du § 283. En outre, si le rescrit donne tort à la femme sur les deux points, sur la question de propriété et sur celle d'usufruit, comment expliquer le mot *vero*, qui unit les deux phrases et établit entre elles une sorte d'opposition ?

Quelques années avant M. Pernice, M. Appleton (1) avait proposé une explication tout à fait originale du texte entier, explication qui a sur les précédentes l'avantage d'éviter, ou plutôt de résoudre la difficulté résultant des mots *donatio irrita est*. Il maintient la teneur du texte, telle que le copiste des *Fr. Vat.* nous l'a transmise : *cum ad te* (et non *ad tempus*) *proprietas transferri nequiverit*. Et ainsi, dit-il, le texte devient très clair. Il s'agit d'une donation faite à une femme; la question soulevée devant l'empereur porte sur la validité de cette donation, qui était ambiguë dans ses termes, en sorte qu'on pouvait se demander si elle portait sur la propriété, avec retour au donateur en cas de prédécès du donataire, ou sur l'usufruit. L'empereur se place successivement à ces deux points de vue : La donation de propriété est nulle, parce que le donateur n'avait pas pu lui-même acquérir la propriété (*cum ad te proprietas transferri nequiverit*) : un obstacle, que le rescrit ne nous indique pas, l'avait empêché de devenir propriétaire au moment de la donation. Et alors pour la même raison, il n'a pu constituer l'usufruit. La question véritablement litigieuse portait sur la propriété du donateur au moment de la donation; mais le compilateur des *Fr. Vat.* qui n'a reproduit que la décision impériale, sans l'exposé des faits, sans la *supplicatio* qui la précédait, ne nous a donné en réalité qu'une conséquence par elle-même évidente de la question en litige, une simple appli-

---

(1) *Op. cit.*, p. 182 et s. J'ai réservé pour la dernière l'étude de la doctrine de M. Appleton, quoique antérieure de trois ans à celle de M. Pernice, parce qu'elle est la plus approfondie, et la plus proche, à mon sens, de la solution exacte.

cation du principe *nemo dat quod non habet*; il n'a
pas aperçu que cette transcription incomplète enlevait
au fond tout intérêt à la décision.

Assurément le texte ainsi compris devient d'un bout
à l'autre d'une clarté parfaite; mais c'est la clarté du
vide. Pour énoncer cette décision si simple que le donateur, n'étant pas propriétaire, n'a rien pu donner, c'est-
à-dire pour émettre « une pure tautologie » (1), avec
quelle lourdeur et quelle lenteur s'explique le texte! Si
le donateur n'était pas propriétaire, il est bien inutile
d'envisager successivement les deux hypothèses de
donation de propriété et de constitution d'usufruit,
nécessitées par la soi-disant obscurité des termes de la
donation. L'absence de propriété chez le donateur est
une question préalable, qui rend inutile l'examen des
clauses de la donation. Si le donateur n'avait rien, il n'a
rien pu donner. Cela se dit en quelques mots, et non
en deux longues phrases, et pas n'est besoin de cette
tournure *alienare usumfructum*, qui fait allusion à l'acte
d'un propriétaire. Résoudre si prolixement une question
si évidente, c'est, qu'on me passe l'expression, prendre
une massue pour écraser une mouche.

Et cette objection n'est pas la seule. Si le rescrit donne
tort à la femme donataire sur tous les points, le mot
vero, avec son sens d'opposition, reste inexplicable. Enfin
quelle singulière et équivoque manière d'exprimer l'absence de propriété chez le donateur au moment de la
donation que de dire : *cum ad te proprietas transferri
nequiverit* !

M. Pernice, critiquant l'idée de M. Appleton, fait remarquer avec raison que la correction de *ad te* et son rem-
placement par *ad tempus* est rendu très vraisemblable
par cette considération que le copiste peu attentif (on l'a
déjà vu par sa transcription tronquée du nom des requé-

______

(1) Pernice, *op. cit.*, p. 93, n. 1.

rants), ayant écrit *ad te* quelques mots auparavant (*qui accepit ad te rediret*) a écrit de nouveau *ad te*, au lieu de *ad tempus*, c'est-à-dire a omis deux lettres (car *tempus* s'écrit généralement en abrégé *temp'*), par une distraction facilement concevable. Et en dehors de cette observation un peu incertaine, il reste toujours, comme principale et très forte raison de reconstituer *ad tempus*, le rapprochement avec le texte du Code (VIII, 54, 2), qui contient ce mot, et dont l'identité avec le § 283 est quasi certaine. Ce rapprochement, dont M. Appleton repousse la conséquence avec une énergie désespérée (1), constitue en effet contre son interprétation un argument très grave et peut-être décisif. Si, comme il le reconnaît lui-même, la constitution du Code est un remaniement du § 283, ce remaniement même serait inexplicable; car il n'y aurait, avec le sens qu'il donne au § 283, aucun rapport de fond entre les deux décisions; ou plutôt il n'existerait entre elles que le rapport vraiment inadmissible résultant d'une vague assonance entre *ad te* et *ad tempus*, d'une sorte de jeu de mots. M. Appleton se défend, il est vrai, d'une telle supposition (2). D'après lui, les compilateurs du Code, trouvant dans le Code Grégorien le rescrit de Dioclétien, tel qu'il existe dans les *Fr. Vat.*, c'est-à-dire séparé de l'exposé des faits, et, n'apercevant pas par conséquent les motifs de la nullité de la donation, ont changé le sens de la décision; ils ont mis : *donatio valet*, et à partir de ces mots n'ont plus cherché aucune inspiration dans le rescrit; ils ont donc motivé leur solution d'une manière quelconque, la première venue; car ils allaient vite. Mais cette explication se retourne contre son auteur; comment peut-il se faire en effet que les compilateurs n'aient pas vu la cause de la nullité de la donation, alors que M. Appleton croit la découvrir si nettement? Com-

_____

(1) Il revient sur ce point dans un appendice, *op. cit.*, II, p. 379 et s.
(2) *Op. cit.*, p. 184.

ment n'ont-ils pas compris que « *cum ad te proprietas* « *transferri nequiverit* » voulait dire « le donateur « n'était pas propriétaire » ? S'ils n'ont pas vu cette chose d'une évidence énorme, c'est qu'elle n'y était pas, et que le rescrit portait bien les mots *ad tempus*.

II

Voilà donc tout détruit. Il faut maintenant essayer de reconstruire, et dans cette tentative, nous allons retrouver certaines idées des auteurs précédents, dont les interprétations, malgré des défaillances, marquent cependant un progrès vers la solution d'un problème épineux. M. Pernice semble bien être dans le vrai, en attirant l'attention sur ce fait qu'il s'agit ici de fonds provinciaux. Et M. Appleton, plus encore, nous paraît avoir fait un grand pas dans la bonne voie, en insistant fortement sur cette idée, que les deux textes des *Fr. Vat.* et du Code sont complètement étrangers à la controverse romaine à laquelle les interprètes modernes ont donné, d'après ces deux textes, le nom de question de la propriété *ad tempus*, c'est-à-dire à la question générale de l'effet d'une condition résolutoire apposée à un transfert de propriété. Il est probable que si ces deux textes n'existaient pas, personne n'aurait eu l'idée de donner à la question de la propriété conditionnelle cette étiquette d'une approximation tellement grossière qu'elle est juridiquement inexacte.

Je ne puis entrer dans la discussion de cette question, qui ne rentre pas dans le cadre de cette étude. Je me contenterai d'expliquer ma pensée qui est celle-ci : quelle que soit la solution que l'on adopte sur l'effet de la condition résolutoire à l'égard de la propriété, effet simplement personnel ou effet réel, le soi-disant principe en vertu duquel la propriété ne peut être transférée à temps ne saurait servir à la justifier.

Avec la solution la plus ancienne, qui est la doctrine

encore dominante dans le droit romain classique, l'aliénateur sous condition résolutoire n'avait, pour recouvrer son bien après l'accomplissement de la condition, qu'une action personnelle pour réclamer le retransfert s'il était encore possible, c'est-à-dire si l'acquéreur n'avait pas aliéné ce bien *pendente conditione*, et il devait subir les droits réels consentis par cet acquéreur dans le même intervalle de temps. On explique généralement ce résultat en disant que les Romains ont tiré du caractère absolu de la propriété cette conséquence, dont on reconnaît d'ailleurs l'exagération, qu'elle ne peut être transférée *ad tempus*; or c'est ce qui se produirait, si l'on admettait la résolution de plein droit de la propriété, et son recouvrement par voie d'action réelle, parce qu'alors le propriétaire sous condition résolutoire se trouverait avoir été, *pendente conditione*, propriétaire *ad tempus*, propriétaire sans l'*abusus* et par conséquent propriétaire sans l'être. Mais si cette raison, qui n'est donnée par aucun texte traitant réellement de l'effet de la condition résolutoire, était bien exacte, elle conduirait à admettre que la propriété ne peut pas non plus être valablement transférée *ex die* ou *ex conditione*, c'est-à-dire sous condition suspensive; car si cette condition se réalise, l'autre partie, le cédant, se trouverait lui aussi avoir été propriétaire temporaire (1).

Envisageons maintenant l'autre solution. Une propriété a été transférée sous condition résolutoire, et par le seul effet de la condition réalisée elle fait retour de

____

(1) L'objection a bien été prévue, mais non résolue. M. Accarias, *Précis*[4], I, p. 515, n. 1 répond qu'en cas de transfert sous condition suspensive, la propriété n'a pas été transférée *ad tempus*, mais réservée *ad tempus*. C'est un échappatoire et non une réponse. M. Appleton, *op. cit.*, II, § 324, répond que le maintien de la propriété sur la tête de l'héritier grevé d'un legs conditionnel, résulte d'une nécessité inéluctable, celle de fixer la propriété sur la tête de quelqu'un jusqu'à la réalisation de la condition. C'est répondre par un *non possumus* brutal pour les testaments; c'est ne pas répondre du tout pour les conditions suspensives résultant d'actes entre vifs.

plein droit à l'aliénateur, qui a pour la réclamer une action réelle, et qui la recouvre franche de toutes charges provenant de l'acquéreur. C'est la solution du droit de Justinien et du droit moderne. Peut-on dire qu'alors la propriété avait été transférée *ad tempus* à l'acquéreur et motiver par là l'effet résolutoire réel de la condition? Personne aujourd'hui ne se contenterait de cette explication, et en effet, dans l'intervalle qui a précédé la réalisation de la condition, l'acquéreur n'a pas eu vraiment la propriété, les droits qu'il a consentis sur elle disparaissant. Il n'a eu cette propriété temporaire que matériellement, au sens le plus grossier du terme, non juridiquement.

Je ne puis donc admettre que le soi-disant principe de l'impossibilité de la propriété *ad tempus* ait pu servir chez les Romains, pas plus que chez les modernes, d'étiquette et d'explication à la question de la propriété sous condition résolutoire. Et en effet dans les textes nombreux qui contiennent des applications de cette question, même dans ceux d'Ulpien, on chercherait vainement ce principe. On ne le trouve formulé nulle part en dehors des deux textes étudiés ici, et depuis longtemps déjà des auteurs, dont M. Appleton invoque l'autorité (1), ont remarqué, non sans étonnement, que ces deux textes sont les seuls qui semblent interdire d'une manière générale le transfert de la propriété *ad tempus.*

Nous allons voir qu'en effet ces deux textes doivent être distraits de la question dite de la propriété *ad tempus*, à laquelle ils sont étrangers. Mais pour arriver à ce résultat, il n'est nullement nécessaire de supprimer du § 283, comme le fait M. Appleton, les mots *ad*

---

(1) Bechmann, *Der Kauf*, 1884, p. 500, n. 1. Ihering, *Passive Wirkungen der Rechte*, dans *Jahrbücher f. d. Dogmatik*, X, 1871, p. 577, n. 231 : cités par Appleton, *op. cit.*, p. 382-383. On trouve la même remarque dans Böcking, *Pand.*, 2, § 156, p. 179, cité par Pernice, *op. cit.*, p. 94, n. 1.

tempus, pour les remplacer par *ad te*, ce qui a pour effet d'annihiler le texte, de lui enlever toute portée intéressante et de faire de lui quelque chose comme une enveloppe vide. Il suffit de tenir compte de tous ses termes et de ne pas exagérer l'étendue de son application.

III

Déjà les seuls termes du § 283 refusent de se prêter à la généralité du principe qu'on a voulu y découvrir. On l'élargit à l'excès dans un double sens. D'abord le § 283, et aussi le texte correspondant du Code, ne parlent que des donations, et non des aliénations de propriété en général. Ensuite le § 283 se trouve placé dans une partie des *Fr. Vat.* qui porte comme rubrique : *ad legem Cinciam.* Il ne faut sans doute pas s'exagérer l'importance de cette rubrique; bien des fragments rangés sous ce titre n'ont qu'un rapport assez éloigné avec la loi Cincia; cependant la plupart de ceux qui ne s'y rapportent pas directement ont du moins avec elle cette relation lointaine, de préciser dans quels cas une donation est seulement commencée, *coepta* (*Fr. Vat.*, § 293), et peut par suite donner prise encore à l'application de la loi Cincia, et dans quels cas au contraire elle est *perfecta*, et par suite à l'abri de cette loi. Or il est certain que dans les interprétations précédemment exposées, ce rapport même lointain n'existe pas. L'explication qui va être proposée rétablit au contraire pleinement cette relation probable entre notre texte et la loi Cincia, et en même temps restreint par là même la portée de ce texte aux seules donations, comme ses termes l'indiquent.

Commençons par la première phrase du § 283. Il s'agit d'une donation, réalisée par voie de *datio*, c'est-à-dire par tradition, de la propriété de fonds provinciaux, avec clause de retour au cas de prédécès du donateur. La tradition ayant été faite, la donation semble donc *perfecta*, et à l'abri d'une attaque du donateur, fondée sur la loi Cincia (1). Cependant la clause de retour va la faire rentrer sous l'empire de cette loi. Remarquons d'abord qu'il ne s'agit pas ici d'une véritable donation à cause de mort, révocable au gré du donateur, qui n'aurait pas besoin en ce cas d'invoquer la loi Cincia pour revenir sur sa libéralité ; les termes du texte *donatio irrita est* indiquent assez nettement qu'il a fallu recourir à une annulation, non à une simple révocation. Or c'est une règle bien connue que pour échapper à la loi Cincia, une donation doit être absolument *perfecta*, c'est-à-dire qu'il faut que le donateur se soit dessaisi complètement et définitivement. S'il ne s'est dessaisi que pour un temps, *certum* ou *incertum* (dit le texte correspondant du Code), c'est-à-dire s'il s'est réservé un droit de retour certain ou seulement une chance de retour, il peut, en invoquant la loi Cincia, user tout de suite de ce droit de reprise, sans en attendre l'échéance ou l'événement. Et le mécanisme de son action est facile à reconstituer. Il n'a plus la revendication, puisqu'il a transféré la propriété ; mais il a l'action personnelle, *condictio, actio in factum* ou autre, qu'il aurait eue plus tard, au moment de l'accomplissement de la condition résolutoire. Si à son action le donataire oppose l'*exceptio non impletae conditionis*, ou plus simplement l'*exceptio rei donatae*, il répondra victorieusement par la *replicatio legis Cinciae*, ou plus précisément par la *replicatio rei donatae ad tempus*. Il obtiendra donc le retransfert, et ainsi : *donatio irrita est, cum ad tempus proprietas transferri nequiverit*.

On ne sera point surpris de cette application de la loi Cincia, si l'on réfléchit que dans une hypothèse beaucoup moins favorable au donateur, dans le cas où il a trans-

______

(1) *Fr. Vat.*, §§ 293, 313. Cfr. Machelard, *Dissert. de dr. rom. et de dr. fr.*, 1882, *Observ. sur la loi Cincia*, § 24, p. 348-349.

féré définitivement et sans réserve la propriété et la possession d'un meuble, il conserve cependant durant six mois le droit de le réclamer par l'interdit *utrubi* (*Fr. Vat.*, § 311). L'application de la loi Cincia à l'espèce du § 283 est assurément beaucoup plus justifiable, infiniment moins violente (1).

Il y a dans le texte même, en faveur de notre explication, une légère indication, un peu subtile assurément ; mais une question qui roule sur un texte unique est un peu comme l'occasion, qui, dit-on, n'a qu'un cheveu ; il faut quelquefois couper celui-ci en quatre, pour en tirer tout le parti possible. La nuance dont je veux parler n'a pas échappé à l'examen attentif de M. Appleton (2), et je lui emprunte ces quelques lignes : « Si l'empereur avait « voulu poser le principe que la propriété ne peut être « transférée *ad tempus*, il aurait plutôt dit : *donatio ir-* « *rita est, cum proprietas ad tempus transferri nequeat*, « au présent du subjonctif. Au contraire, il dit *nequiverit* au passé, ce qui indique (3) » que c'est seulement dans le cas présent, c'est-à-dire seulement au cas de donation, que la propriété *n'a pu* être transférée à temps.

Il est à peine besoin maintenant de donner la traduction du texte. Pour le rendre absolument clair, il suffit d'y ajouter une simple allusion à la loi Cincia, allusion toute naturelle, étant donnée la rubrique du titre dont fait partie le texte :

« Si tu fais donation de la propriété de fonds provin- « ciaux, de telle sorte que cette propriété te revienne

---

(1) **V.** un cas particulier d'application de la loi Cincia encore plus violent que celui résultant de l'interdit **utrubi**, D., 44, 4, 5, § 2. Cfr. Machelard, *op. cit.*, § 15, p. 338-339.

(2) *Op. cit.*, p. 183, n. 37.

(3) Ici je me sépare de M. Appleton, qui d'accord avec moi sur la conclusion négative, à savoir que le texte est étranger à la question générale dite de la propriété *ad tempus*, aboutit à une autre conclusion positive, la lecture de **ad te**, au lieu de **ad tempus**.

« après la mort de celui qui l'a reçue, la donation est nulle,
« parce que (à cause de la loi Cincia) la propriété n'a pas
« pu être transférée pour un temps ».

Ici l'expression propriété *ad tempus* n'a plus la
signification équivoque qu'elle prend quand on veut s'en
servir pour désigner la question de la condition résolutoire appliquée à la propriété. Elle signifie que pour
échapper à la loi Cincia, la donation de la propriété
doit être définitive, et non *ad tempus*. Le terme opposé
à *ad tempus* serait ici *in perpetuum*, et le rescrit aurait
pu motiver sa décision sous une forme positive, dans des
termes comme ceux-ci : « *donatio irrita est cum proprietas in perpetuum transferri debuisset* ».

Il n'y a pas lieu de s'arrêter à une objection possible
tirée du § 293, *Fr. Vat.* D'après ce texte, les donations
de fonds provinciaux échappent à la loi Cincia, *cum et
vacuae possessionis inductione celebrata in utriusque
persona perficitur*, c'est-à-dire dès que la tradition a
été effectuée de part et d'autre. Le rescrit du § 293 fait
allusion à une différence avec les fonds italiques, dont
la donation ne sera parfaite que par une *mancipatio,*
suivie d'une remise de la *vacua possessio* (cfr. § 313). Il n'a
pas en vue le cas relativement rare et tout spécial d'une
donation avec clause de retour, cas de notre § 283, tout
à fait exceptionnel puisqu'en général ces donations
avec clause de retour en cas de prédécès du donataire
seront de véritables donations à cause de mort, comme
telles révocables et échappant à la loi Cincia qui est
inutile à leur égard. On peut d'ailleurs remarquer que
dans cette hypothèse exceptionnelle du § 283, la *vacua
possessio* n'a pas été vraiment transmise, en se plaçant
sur le terrain de la loi Cincia (1). Mais il n'en est pas

(1) On sait en effet qu'ici la mise en possession du donataire s'entend avec
une rigueur exceptionnelle. C'est ce que montre bien la décision du
§ 313, *Fr. Vat.* relatif à la donation faite par une patronne à son affranchi
avec réserve d'usufruit, donation qui n'échappera à la loi Cincia que si la

moins vrai que pour les fonds provinciaux, la donation par *datio,* c'est-à-dire par tradition, échappe en principe à la loi Cincia, sauf dans le cas de clause de retour, qui est celui de notre texte. C'est à peu près (1) la seule application de la loi Cincia à l'égard des fonds provinciaux donnés par voie de *datio,* et ainsi s'explique-t-on qu'il soit spécialement question de ces fonds dans notre texte.

On peut également glisser sur une autre objection consistant à dire que la donation n'est pas de plein droit *irrita* en vertu de la loi Cincia, qu'il faut que le donateur ait agi. Dans l'espèce du rescrit, le donateur a bien usé du moyen que lui offre cette loi, et c'est la suite du texte, l'étude de la seconde phrase qui va nous le montrer.

IV

Ce qui a jusqu'ici rendu difficile l'explication de la fin du § 283, c'est qu'on semble s'être heurté à un parti pris. On est parti de cette idée préconçue que le donataire de la propriété et la femme prétendant à l'usufruit contre laquelle est demandé le rescrit, étaient une seule et même personne. De là ces suppositions gratuites et peu vraisemblables sur l'obscurité des clauses de la donation, qui aurait obligé l'empereur à envisager successivement deux sens possibles de cette donation. Mais la vraisemblance est très nettement en sens contraire. Le donataire de la propriété est un homme (*post mortem ejus* QUI (2) *accepit*); la personne qui prétend à l'usufruit

patronne est morte sans l'invoquer. Si donc le donateur s'est réservé l'usufruit ou plus généralement s'il a gardé la simple détention par l'effet d'une clause de constitut possessoire, la tradition n'est pas réputée parfaite et définitive, et la loi Cincia s'applique. Et cette application serait évidemment possible même à l'égard des fonds provinciaux, sans qu'on puisse, ici non plus, opposer le § 293. — Cfr. Accarias, *Précis*[4], I, p. 791, n. 2.

(1) V. cependant la note précédente.

(2) Rudorff proposait de rétablir *quae,* et **M.** Appleton l'approuve (*op. cit.,*

est une femme (*contra* QUAM *supplicas*). Heureux
hasard que cette différence de sexe, qui permet à un
interprète du xxᵉ siècle de distinguer deux lointaines
silhouettes, là où les interprètes du xixᵉ siècle n'en
voyaient qu'une !

Cette femme est, elle aussi, l'ayant cause du donateur
(*usumfructum alienare non potuisti*). Donc le donateur a consenti successivement une donation de propriété sous condition résolutoire à un donataire et l'usufruit sur ces mêmes biens à une femme (1). A-t-il consenti cet usufruit, après avoir fait annuler la donation
en usant de la loi Cincia ? Certainement non ; car alors il
n'y aurait pas de question : l'usufruit serait valable (2).
Il a donc consenti cet usufruit, après avoir fait à une
autre personne donation de la propriété ; il a sans doute
promis à la femme de reprendre le bien en usant de la
loi Cincia, et les deux parties ont pu croire à la validité
de cette constitution d'usufruit, précisément parce que,

---

p. 178, nᵒ 29) ; mais il n'y a pas d'autre motif qu'une idée préconçue de
mettre une nouvelle distraction au compte du copiste, déjà suffisamment
chargé.

(1) Avec cette distinction de la personnalité du donataire et de la femme, la
deuxième phrase du § 283 aurait dû être, semble-t-il, assez facilement
explicable avec la théorie Pellat Bufnoir. L'hypothèse est aisée à reconstituer : Un fonds provincial a été donné sous condition résolutoire, et
pendente conditione le donateur a consenti un usufruit à un tiers. La donation est ensuite résolue par le prédécès du donataire, et le donateur
réclame le retransfert par une action personnelle, la revendication n'étant pas
encore admise au temps de Dioclétien. Le tiers réclame son usufruit, et le
rescrit consacre une conséquence de la doctrine alors dominante, d'après
laquelle le donateur, n'étant *pendente conditione* qu'un simple créancier
éventuel du bien donné, n'a pas pu consentir valablement un droit réel sur
ce bien. C'est ce qu'on exprime quelquefois par cette formule peu romaine,
que la chose recouvrée après l'accomplissement de la condition résolutoire
rentre dans le patrimoine de l'aliénateur sans effet rétroactif. Quelle qu'en
soit la formule, l'idée est implicitement admise par D. 47, 2, 67, § 3. Cfr.
Girard, *op. cit.*, p. 725, n. 3.

(2) On n'objectera pas que cette constitution d'usufruit devrait tomber aussi
sous le coup de la loi Cincia, car cet usufruit a pu être consenti à titre
onéreux.

suivant la remarque déjà faite par M. Pernice, l'usufruit s'établit sur les fonds provinciaux sans quasi-tra-
dition, par pactes et stipulations.

Le donateur voulait-il agir ensuite en vertu de la loi
Cincia, et invoquer cet usufruit comme un prétexte à son
action, la loi Cincia étant peut-être déjà assez mal vue à
cette époque où elle était proche de sa désuétude? Ou
bien cherchait-il à rejeter le fardeau de cette action sur
un tiers, sur la femme, en lui créant, au moyen d'un usufruit à elle consenti sur le bien antérieurement donné,
un intérêt à faire annuler la donation. On ne peut, avec
le texte, résoudre cette alternative. D'ailleurs son
deuxième terme dépend d'une autre question assez obscure, celle de savoir dans quelle mesure les tiers intéressés à faire tomber la donation pouvaient user de la loi
Cincia(1). Ces tiers admis à agir sont-ils seulement ceux
qui avaient un intérêt né et actuel au moment de la
donation, comme les cautions du donateur (2), et alors
dans notre hypothèse, la femme prétendant à l'usufruit
ne serait pas admise à l'action, parce que son intérêt est
né postérieurement à la donation. Ou bien la loi Cincia
peut-elle être invoquée par tous les tiers y ayant intérêt,
sans distinction de date(3)? Peut-être notre texte four-
nirait-il, je n'ose dire un argument, mais un indice en
faveur de cette deuxième solution. Le rescrit a été demandé
à l'empereur par le donateur contre la femme ; cette circonstance pourrait faire croire que la femme, après avoir
fait annuler la donation, s'est mise en possession de
l'usufruit, et le donateur l'attaque de ce chef(4).

---

(1) Girard, *op. cit.*, p. 940, texte et note 2 ; Machelard, *op. cit.*, § 21, p. 345-346.

(2) D. 39, 5, 24. Et encore pas tous les intéressés actuels : D. 39, 5. 21, § 1 : le débiteur délégué *donationis causa* ne peut repousser l'action du délégataire au moyen de l'*exceptio legis Cinciae*.

(3) En ce sens, *Fr. Vat.*, § 266 (*exceptio quasi popularis, etiam quivis*).

(4) L'argument est douteux, parce qu'en tenant compte de la décision que va prononcer le rescrit sur l'invalidité de l'usufruit, la femme se trouvera

Quelle que soit la solution de cette question indécise, la donation de propriété a été annulée en vertu de la loi Cincia. La femme réclame alors l'usufruit, arguant de ce fait que la donation de propriété était nulle, et que par suite le donateur, resté propriétaire, avait pu consentir valablement cet usufruit, dont la constitution, faite par pactes et stipulations, était possible même à un moment où le donateur n'était plus en possession du fonds. Le rescrit lui donne tout d'abord raison sur le premier point; mais (1) il lui donne tort sur le second : le donateur n'a pu séparer l'usufruit de la propriété, parce que, quand il a consenti cet usufruit, il n'avait plus la propriété et ne l'avait pas encore recouvrée (2).

Après cette explication du § 283 *Fr. Vat.*, le remaniement opéré par les compilateurs du Code de Justinien dans la Const. 2, VIII, 54 (55) ne présente plus de difficultés. De ce que la loi Cincia n'existe plus, il en résulte naturellement cette conséquence que les donations sont valables, même (*etiam*) quand elles sont faites pour un temps déterminé ou indéterminé. C'est ce qu'exprime encore sous une forme plus concise, la Const. 26, C., VI,

n'avoir pas eu d'intérêt à agir en vertu de la loi Cincia pour faire annuler la donation de propriété; elle n'aurait donc pas dû avoir d'action, c'est le *Sic vos non vobis*. Elle a pu, il est vrai, agir en vertu d'un mandat du donateur, mandat qui est à la fois dans l'intérêt du mandant et du mandataire, et ainsi s'expliquerait-on qu'elle soit en possession du bien litigieux.

(1) *Vero*, dont le sens d'opposition apparaît ainsi nettement.

(2) Le verbe *nequire* est employé dans la première phrase, l'expression *non posse* dans la seconde. Or il y a une nuance entre ces deux termes. *Nequire* indique plutôt un empêchement extérieur à l'agent, extrinsèque, objectif; c'est être dans l'impossibilité de faire. *Non posse* désigne plutôt une impossibilité personnelle à l'agent, intrinsèque, subjective; c'est n'avoir pas le pouvoir, le droit de faire. Cette nuance s'applique parfaitement dans notre interprétation. Le donateur, quoique propriétaire et par conséquent capable d'aliéner, a été mis dans l'impossibilité de donner valablement, à cause d'un obstacle extérieur, venant de la loi Cincia, qui empêche la donation de propriété *ad tempus* (*nequiverit*). D'autre part, il n'a pu constituer l'usufruit, parce qu'il n'en avait pas le pouvoir, n'étant plus propriétaire (*non potuisti*). Avec l'interprétation de M. Appleton, le langage exact exigerait l'emploi de *non posse* dans les deux phrases.

37 : *Cum enim jam constitutum est fieri posse tempo-
rales donationes.*

De cette interprétation du § 283 *Fr. Vat.*, il résulte deux conclusions. L'une est positive, c'est l'application de la loi Cincia aux donations non révocables, faites sous condition de retour. L'autre est négative, c'est qu'il importerait de dégager la question générale relative à l'effet de la condition résolutoire sur la propriété des deux textes que nous venons d'étudier, qui lui sont complètement étrangers, et qui par un fâcheux hasard lui ont en quelque sorte servi de parrains. L'étiquette malencontreuse de propriété *ad tempus*, avec le sens qu'on lui donne traditionnellement, devrait disparaître. C'est un résultat sans doute difficile à obtenir : l'habitude prise a bien des raisons d'être tenace, celles d'être ancienne, d'être générale et d'être mauvaise.

L. MICHON.

NOUVELLE
REVUE HISTORIQUE

DE

DROIT FRANÇAIS ET ÉTRANGER

PUBLIÉE SOUS LA DIRECTION DE MM.

Rodolphe DARESTE
Membre de l'Institut,
Conseiller honoraire à la Cour de Cassation.

Adhémar ESMEIN
Membre de l'Institut,
Professeur à la Faculté de droit de Paris,
Président de section à l'École pratique
des Hautes-Études.

Joseph TARDIF
Docteur en droit, Archiviste-Paléographe.

Maurice PROU
Professeur à l'École des Chartes.

Georges APPERT
Docteur en droit, Secrétaire de la Rédaction.

Cette revue paraît tous les deux mois par livraisons de **10** feuilles environ et forme chaque année un beau volume in-**8°** de mille pages.

Les trente premiers volumes parus (1877 à 1906) avec les Tables de la *Revue de Législation* et de la *Nouvelle Revue historique* (1870-1885), 1 brochure... **250** fr.

Chaque volume se vend séparément : 15 fr. de 1877 à 1889 et 18 fr. de 1890 à 1900.
Les Tables seules.. **3** fr.

PRIX DE L'ABONNEMENT ANNUEL :

Pour la FRANCE........ **18** fr. — Pour l'ÉTRANGER.......... **19** fr.

<u>VIENT DE PARAITRE :</u>   6ᵉ Année 1910

REVUE DE DROIT INTERNATIONAL PRIVÉ

ET DE

DROIT PÉNAL INTERNATIONAL

Fondée par **A. DARRAS**
Continuée par **A. de LAPRADELLE**
Professeur agrégé à la Faculté de droit de Paris, Associé de l'Institut de droit international

SOUS LE PATRONAGE DE MM.

A. LAINÉ
Professeur à la Faculté
de droit de Paris

A. WEISS
Professeur à la Faculté
de droit de Paris

A. PILLET
Professeur à la Faculté
de droit de Paris

DE BŒCK
Professeur à la Faculté
de droit de Bordeaux

E. AUDINET
Professeur à la Faculté
de droit d'Aix

E. BARTIN
Professeur à la Faculté
de droit de Paris

et avec la collaboration de jurisconsultes, magistrats et professeurs français et étrangers

Secrétaire de la rédaction : **P. GOULÉ**, Docteur en droit, ancien magistrat

Abonnement annuel :

France.......... **20** francs. — Étranger........... **22** fr. **50**